JN439042

고 원 구
일곱 번째 시집

시간을 빚으며

고원구 일곱 번째 시집

시간을 빚으며

초판인쇄 2016년 4월 27일
초판발행 2016년 5월 10일

지은이_ 고원구
발행인_ 이현자
발행처_ 도서출판 현자

등 록_ 제 2-1884호 (1994.12.26)
주 소_ 서울시 중구 수표로 50-1(을지로3가, 4층)
전 화_ (02) 2278-4239
팩 스_ (02) 2278-4286
E-mail_001hyunja@hanmail.net

값 10,000원

ISBN 978-89-94820-20-0 03810

이 도서의 국립중앙도서관 출판예정도서목록(CIP)은 서지정보유통지원시스템 홈페이지(http://seoji.nl.go.kr)와 국가자료공동목록시스템(http://www.nl.go.kr/kolisnet)에서 이용하실 수 있습니다. (CIP제어번호 : CIP2016010700)

고 원 구

일곱 번째 시집

시간을 빚으며

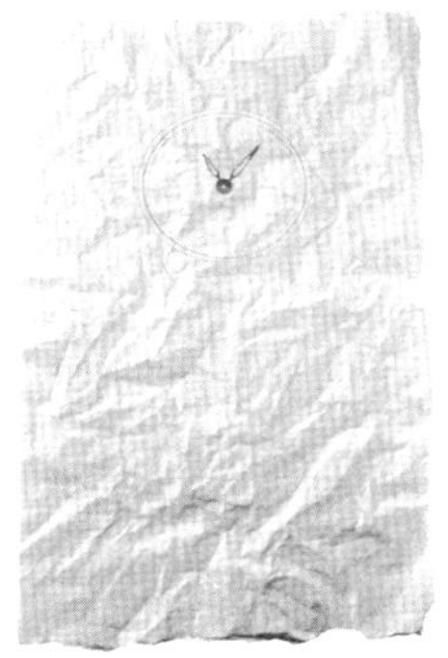

도서출판 현자

책을 내면서

조바심 내지 않고 언제나 열린 마음으로 가야 한다는 게 나와의 약속이다. 그동안 궁핍한 삶을 뿌리치려고 눈물겨운 곡예 운전을 해오지 않았던가.

그러면서도 각박한 사회에서 그나마 윤리가 훼손되지 않는 길을 택하여 열심히 달려왔다. 생각하면 나에게 언제나 부족함이 꼬리에 꼬리를 물고 따라다녔다. 무엇이 진실 된 인생인가를 생각하면서 욕망의 늪에 매몰되지 않도록 수시로 채찍하며 경각심을 일깨운 일이 한 두 번이 아니었다.

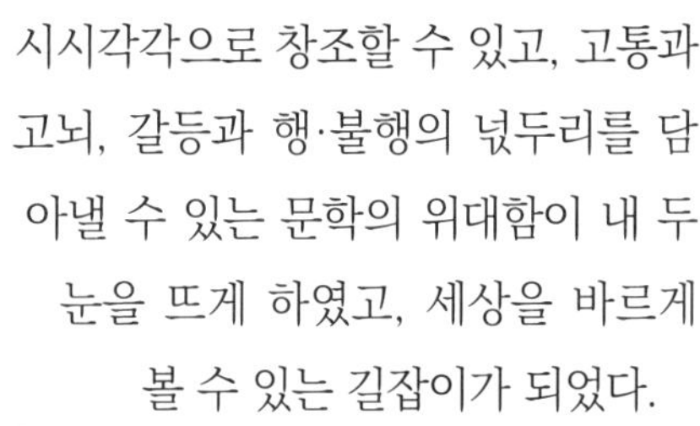

시시각각으로 창조할 수 있고, 고통과 고뇌, 갈등과 행·불행의 넋두리를 담아낼 수 있는 문학의 위대함이 내 두 눈을 뜨게 하였고, 세상을 바르게 볼 수 있는 길잡이가 되었다.

그러나 문장력과 사고력이 턱없이 부족한 저에게 두 손을 내

밀어 따스하게 잡아주신 동민 선생님의 은혜는 잊을 수가 없다. 깊은 계곡의 물이 흘러가면서 가슴을 넓혀 수없이 많은 수목을 낳게 하듯, 창작의 길을 이끌어 주시어 감사합니다. 아직 경직되어 있는 시심에 결코 부끄럽지 않은 옷을 입히어 새 생명의 살을 붙여 꿋꿋하게 걸어갈 수 있도록 최선을 다할 것이다.

내 마음속 깊은 곳에 감춰진 정체에 귀를 기울이며 진실이 살아있는 마음의 소리를 겸손하게 담아내고 눈을 크게 뜰 것을 약속한다. 그리고 불철주야 고생만 해온 충청댁, 사랑하는 딸, 사위들, 못나고 부족한 사람을 위하여 마음을 베풀어주신 모든 분께 감사를 드린다.

2016년 4월
칠순기념의 해에
영천 화산농공단지 사무실에서

목차

제1부 첫발을 내딛는 순간

제2부 멈추지 않는 시간을 딛고

목차

제3부 자연과 사람 그리고 시

제4부 그리운 사람들

목차

제5부 인연과 연인

제1부
첫발을 내딛는 순간

월요일 아침 •

까치 소리 •

사계의 혼 •

죽림사 •

도봉산 •

새날에는 •

한 장 남은 달력 •

병신년 첫날 •

봄이 열리는 길목 •

화산역 •

추억의 향기 •

지하철에서 •

세월 속에서 •

빙어 •

노송 •

낙뢰 •

조밭골 •

골벌 •

월요일 아침

누가 지은 질서인지
한 주일
처음으로 여는 아침

주고받는 미소 속에
마음엔 열매 맺고
얼굴엔 꽃이 핀다

오늘도
어제처럼

가슴을 활짝 열고
사랑으로 다져온
발걸음이 가볍다

까치 소리

시작의 대문을
까치의 해맑은
목소리로 새날이 열린다

먹구름 덮인 하늘이 가슴을 펴고
원망과 험담
피멍으로 얼룩진 땅거죽이
정직과 사랑 성실이
곡절 없이 펴질 때

냉혹한 칼바람에
미소라는 청결한 향수가
미안과 용서라는 화해 무대를
연출하여 공연을 펼치려 한다

감동 된 마음은
꿈과 사랑이란
이상형의 날개를 달고
저 높고 푸른 하늘에
훨훨 날아오르고 있다

사계의 혼

지난 시간 되돌려보니
괴롭고 쓸쓸했던 곡절 알았고
욕심과 탐심의 세월에
마음은 온통 더러운 찌꺼기로
덧칠되었다는 것을 보았다

오로지 푸른 광야에
밝은 빛을 받아 가슴에 채우고
언젠가 맑은 하늘에
내가 앉을 자리가
있을 것이란 믿음을 갖는다

김이 모락모락 피어나는
찻잔 속에 떠 있는
내 마음의 눈으로

한해가 저무는 길목에서
정적 속을 세심하게
가지런히 흘러가는
사계의 혼을 그려본다

죽림사

천년을 울어
사람의 가슴을 이끄는
범종소리는 예나 지금이나
대숲을 흔들어
적막강산을 깨우고

노승의 목탁소리는
사람 사는 길을 열어
묘한 심성을 달랜다

두 손 모은 합장
자비를 영글게 하고

혼란한 마음을 삭혀
내일을 열어주는
마음의 안식처
죽림사

도봉산

바위 틈
비스듬하게 서 있는
늙은 소나무

칡넝쿨에 감겨
듬성듬성 헤진 살갗이
썩어지고 문드러져도

천년의 기개로
제 것을 끌어안고
거룩한 혼 정체의 빛으로
하늘과 맞닿아 있구나

새날에는

한 땀 한 땀씩
풀어갈 삼백예순 여섯 날
밝혀주려는 햇살이
고요한 시각에 맞추어 왔네요

새날을 알려온
붉은 원숭이 웃음소리가
겹겹이 돌부리에 물들여
운명을 비집고
지평선을 검붉게 물들이네요

희열이 충만한 갈피 속에서
푸른 속살을 가르며
해맑은 양합수 물결을 거슬러
죽림사 범종소리와
온유하게 펼쳐지는 생의 분자들

앙상한 가지마다
옷을 입히고
눈을 들어 자맥질하네요

굴곡으로 이어진 삶의 덫
처절하게 파멸되어온
격랑의 파고를 붉은 원숭이는
흥겨운 잔치로 산지사방에서 수를 놓네요

한 장 남은 달력

칼바람이 잦아졌다

벌거벗은 가지에
매몰차게 때리는
바람

가로등 불빛마저
건들거린다

마지막 남은 한 장의 달력
분주하게 떨어져 간
그 날을 기억하듯
마지막 찢길 모습이 애처롭다

얼어붙은 마음 한 켠에
강물조차 뼈마디를 드러내어
을씨년스러운 달빛 아래
숨을 죽이고

그래도 그늘에 감추어진
내일의 시간들이
허공 속에서
고개를 내밀고 있다

병신년 첫날

수평선이 꿈틀거린다
계곡과 계곡 사이
창세의 빛이듯
불기둥이 솟아올라
세상을 달군다

가슴을 뛰게 하고
얼룩진 마음에
상처를 씻어내는 자호천 물줄기에
붉은 햇살이 자맥질한다

정화 불을 밝힌 듯
저 붉은 햇살 품어
삶의 갈피를 잡아
생명을 달구고 희망의
깃발을 더 높여갔으면

봄이 열리는 길목

잔설이 대지를
떠날 즈음
맑은 샘물을 퍼 올리듯
여린 풀잎이
하늘을 이고 기지개 켠다

이슬비에 젖어 있는
연리지
빈 공간에
봄을 챙기는 눈빛

형광등 전구처럼 부옇게
겨울을 걸어온
얼음골 그 길에
봄비는 춤추며
님을 마중하네요

화산역

꽃이 흐드러진 산 아래
자그마한 역
문이 닫혀 있다

오래지 않은 세월 속에
통학 열차에 발 동동 구르며
매달렸던 그때가 엊그제 같은데
기적소리는 메아리쳐도
화산 역사 안에는 아무도 없다

촌로들 장짐소리는
귓전을 맴도는데
떠나간 발자국을 되돌리는
굳게 닫힌 문 열어야 할 터인데

세찬 칼바람 맞아가며
회상의 길을 되새겨보는
발걸음엔 긴 한숨 소리
하늘을 흔들고 있다

추억의 향기

동구 밖을 돌아가는 과수원 길
추억의 꽃내음 가슴에 담으며
맑은 샛강에 뛰어놀던 송사리
먼 먼 하늘을 잡으려
여정의 길 떠났다

시간은 세월을 딛고
길이 없는 길을 떠나도
과수원 향기는
그대로일 줄 알았는데
유혹의 손길을 벗어나지 못했네

추억이 묻어있는 그 길엔
크고 작은 사람의 둥지가
요사스런 꽃향기로
유혹한다

어떠한 향기가 되살아
그날의 정취를
안겨 줄 수 있으려는지

지하철에서

자리는 사람을 무조건 끌어당긴다

남녀노소 분별없이
앉았다하면 모래밭에
기생하는 곤충처럼

모래 속으로 고개를 숨긴다

거대한 파도에 밀려
눈꺼풀이 어둠을 헤매고
사지는 늘어진 버들가지처럼
허리 굽은 아낙의 한숨은 길다

어쩌다 마주친 눈빛은
골난 맹수처럼 사납고
빨려오는 공해는 또
가슴을 짓누른다

억겁의 갈래로 찢어지는
황혼의 가시밭길
목마른 인생의 덧없는
삶의 행진 어디다 내려놓을까

세월 속에서

빛과 어둠 사이
물길은
꽃을 데려와
산은 젊어 있다

어둠이
햇살을 먹고
먼동이 기지개를 펴
조각달을 잠재우니

산울림이 바람으로
가지를 흔들어 깨워
짙어가는 녹음

찬란한 빛으로
옷을 갈아입고
눈물 구슬
목걸이를 걸었네

빙어

칼바람과 차가운 얼음
그 속에서 겨울을 헤집고 유영하는
비늘 하나 없는 벌거숭이
이월의 새벽을 깨우는 너

물길은 평화롭게
폭 넓은 사랑으로 감싸 안고
울타리에 둘러싸여
유유자적하게
지느러미를 흔드는 너

보이지 않는 유혹에 속아
아가미를 내어주고
바들바들 떨며 올라오는
그 모습

내 심장이 멈추고
피가 거꾸로 솟구치듯 하다

노송

억겁의 세월을 쌓아
푸른 산야의 무게를
짊어지고 예까지 온
노송
고개를 늘어뜨리고 세상의
인심을 돌아보네

이제
푸른 산야에
상상의 그늘을
넌지시 펴놓고

푸른 날에 갚지 못한 마음을
소리 없이 더듬으며
철없던 그 시절 그 여울
소리가 시끄럽기만 하다

한 번 더
마음을 넓게 열고
푸른 하늘을 손짓하고 있구려

낙뢰

세찬 바람이 몰아쳐
가슴을 움츠리게 하고
분노로 나락된
병든 마음의 찌꺼기

듬성듬성한
가로등 불빛이
희멀겋게 융해한다

조수처럼 밀려오는
무수한 낙엽의 부영
한산한 거리를 휘어잡고
제 잘난 듯 흩날린다

심각하게 파멸된
내 작은 가슴에 쌓인
억눌린 갈등을 차분히 삭혀내고
가을 풍경에 잘 익혔으면

조밭골

청석비탈이 치솟아
가슴을 도려낼 듯 서 있고
그곳을 의지하여 빼곡하게
늘어선 정겨운 마을

앞 냇가에 떠 있는
새털구름 한 조각
물결에 노니는 은백색의 송사리 떼
해맑고 질펀한 호수 같다

내 눈 속에
아련히 담겨오는 빛살
자갈밭을 뒹구는
파란 여정이다

인심 좋은
이곳
나그네 발길을
잡는다

골벌

무형의 문이 열리어
만불산이 숨쉬고
자비의 세계에서 일어나는
작은 빛이 보이지 않는 능력으로
이곳을 직지한 곳인가

보현산을 에워싼 구름
걷히어 빛을 발산하고
영천댐이 물길을 열어
목을 적시는 터전이어라

젊은 날개가 손짓하고
푸른 잎새가 트이고
꽃을 피워 향기가 퍼지니
알알이 맺힌 밝은 얼굴들

가슴과 가슴을 잇는
사랑 실은 열정이
고을마다 꿈으로 영글고
거룩한 생명이 둥지 튼
꿈이 있는 고을

제2부

멈추지 않는 시간을 딛고

기다림

황토 빛 창밖에는
겨울비가 잦다

촉촉하게 젖어 내린
초록색 조릿대가
햇살 등지며 떨고 있다

가슴 속에 가두어둔
내 사랑 한 줌
그리움 모두
겨울비에 실어 보낸다

평화

가을
고추잠자리가
평화롭게 억새풀 위에서
날개를 자유롭게 흔들어 댄다

헤아릴 수 없게 떼 지어
그리움을 노래하며

평화롭게 높이 날아
이리저리 날개를 펴
자유로운 몸짓으로
가을의 정취를 풍긴다

시간의 색깔은

인간사 젊고 늙음처럼
사계절의 화두가
밝음과 어둠으로
회자되고 있다

꽃향기는 소낙비가 되어
세상을 적시고
황혼 물결이 넘실대는
언덕에 올라서면 하얀 꽃잎이
대지를 물들인다

낮과 밤
하루와 일 년
스쳐지나가는 시간은
아련한 등불처럼
가물거리기만 하다

황홀한 유혹

한낮 거리를 서성이는
저 외로운 젊은이
무엇이 두려워 저렇게
고개를 들지 못하나

자동차 공해에 시달려
찌푸린 하늘도 울상인데
외롭게 내딛는 발자국 소리가
들리지 않아

젊음의 향기가
푸르른 창공을 향하여
날아갈 수 있는

황홀한 꿈의 광장은
어디 없을까

까만 밤

내 사랑은 은하수에서
무수한 별들과
유유자적한 기쁨의
세월을 거닐고

구름 사이에 뜬
외로운 저 별 하나
조는 듯 희미한데

새벽을 알리는 기적소리가
들뜬 마음을 다독이며
시간을 쫓아 달려간다

불꽃을 피워 올리던
젊음의 날개
가난 속에 묻어두고
만신창이가 된 육신으로
알 수 없는 세월에 쫓겨
눈망울만 굴리고 있다

마음을 열다

가을 황혼이 짙어갈 즈음
마당 가장자리에 심어둔
유실수 한 그루

곰살스런 햇살에
백설이 가시고
언 땅 삭아 드니
진달래 향기와 함께 찾아온
유실수 꽃봉오리

푸른 하늘을 쪼아
밝은 이슬 받아먹고
벌 나비 불러 합방을 청하니
가슴은 파르르
마음이 설렌다

여인은 말한다

아직
넘어야 할 산이
첩첩이다

아름답고 품위 있는 여인이
스쳐 가면서
내 뱉는 소리다

시계 방향은 벌점
회오리가 일어오는 쪽은
벌칙도 있고
후한 인심 또한 있다

젊음의 태양이
장렬히 산화하고
하얗게 단장한
해맑은 여인이

생긴 대로 쥐락펴락
하지만
그래도
엔돌핀은 공짜란다

그날을 그리며

긴 여름 포만했던 햇살
그을리며 버텨온 열하의 길목에서
소중했던 그 무엇을 찾으려
그 이름 애타게 불러본다

선택된 자리에서
메뚜기가 뛰어 다니고
뜸부기가 숨바꼭질하던 곳
하늘이 열리고 땅이 미소 짓는다

끓어오르는 가슴 가슴에
땀 구슬 매어달고
찢어진 바닥을 메우며
내 작은 발자국 남기려
더 큰 광야로 달려간다

심장이 멈출 때까지
대문을 열고
아름다운 대지가 열려있는
까마득한 그 곳

별천지를 향하여
나를 불태우려고
달려가련다

언제나 그렇게

서산마루에 걸린
햇살 사이로 방긋 미소 짓는
잘 다듬은 얼굴

별이 촘촘히 빛나는 밤
언제나 다가와
나의 뇌리에 앉아
길라잡이를 하는 달빛

희뿌연 안개 속을 헤집고
수은등 벗 삼아
별을 하나 둘 돌려 세우며
그 자리를 채우고 있다

앞산 불그스레
익어올 때까지 내 귓가에
스며오는 따스한 입김으로
내 빈칸을 채워주는 정성
언제나 똑같구려

서울에서

맑게 흐르는 청계천에
발 담그고
더 넓은 한강
저편으로 헤엄치고 싶다

백조호에 몸을 맡기고
유유자적하게
유행가도 읊조리며
강어귀 모래밭에서
도란도란 이야기 동산을 만들고 싶다

장충단 공원 낙엽송 향기
그윽하게 담아
남산 팔각정에 올라
사랑하는 사람
이름 불러보고 싶다

삶의 여정 속에
살아있는 감각을 느끼듯

받는 사랑보다 줄 수 있는 사랑
아낌없이 베풀고 싶다

속절없는 시간을 딛고
내 걸어온 길은 화려하지 않아도
소담스레 핀 꽃 한 송이를
가까이 둘 수 있는
소박함이 피어나는 그런
사랑을 펼쳐가고 싶다

노래방

마음속에 숨겨둔
사랑의 노래

입속 가득 잠겨 있는
사랑한다는
이 말 한마디

이곳
노래방에서
풀어 놓는다

말할 수 있는
행복한 공간
조용하게 흐르는
사랑의 시간

음률 따라
마음이 녹아내리고
가사 따라
사랑이 익어간다

시간을 빚으며

속절없는 절박함에
내던져진 나일지라도
곁눈질하지 않고
부릅뜬 두 눈으로 응시했지요

내 삶의 무게를
허름한 조각배에 싣고
무수히 부딪치는 암초와
격랑을 헤쳐왔어요

숨막히는 혈전 속에
아낌없이 청춘을
불사르며 달려왔네요
시간을 빚으며
나를 찾아서요

파고에 흔들이는 삶
닻줄 팽팽히 부여잡고
막힌 길 힘겹게 뚫고 선 오늘
그 열정을 품은 시간 속에는
사랑의 꽃향기 가득하네요

외로운 섬

은백색으로 수놓은
바다를 흔들고 있다
갈매기 나래가 흔들리는 그 너머
외로운 섬 하나 떠있네

깜빡이는 등대 벗 삼아
애절한 눈빛으로
돌아갈 수 없는 고도
발을 동동 구르고 있네

구슬픈 파도 소리
귀에 담으며 뛰어오르는 망둥이
넌지시 바라보는 눈빛에서
혼으로 곱게 그을린
그 사람 기다리네

외로운 섬
갯바위에 부서지는
물보라를 안고 목메어 불러보는
그 이름

숲을 흔들어
파도를 타고
수평선 저쪽
안개 속으로 사라지네

마음의 계곡

봄 햇살이
새벽을 열어
마음 산에 꽃비를 내린다

어느 사이
등줄기엔 땀방울이
떼구르르 흘러
안개 속 강을 만든다

마음에 닿아 있는
계곡을 응시한다
무심코 돌아보니
내 곁에 천연색
오솔길이 펼쳐져 있다

하얀 빛을 쏘아내는
대지 위의 괘종시계처럼
사랑을 고백하는 은은한 소리가
내 마음 흔들고 있다

분수대에서

수직과 곡선으로
거침없이 춤을 춘다
금호강가 강태공이
낚시대를 드리우고
누군가를 기다리듯 앉아있다

봄 햇살에 꽃망울이 부풀고
고수부지가 잠에서 깨어나
분수대 고리를 잡고
나들이 간다

쌍쌍 연인들이
수은등 불빛 아래
그림자를 늘어뜨릴 때
수심에는 꽃 같은 불을 지피우고

어둠 속에는 여전히
현란한 춤사위가 벌어지고
조각달은 금호강을
조용히 거닐고 있다

애기 단풍

하얀 꽃 순들이 찬바람에 실려
얕고 낮은 곳을 유영하며
더 넓은 세상 찾아
트인 곳으로 휩쓸려 간다

가슴 비비며 잊혀지지 않는
애절한 추억 한 자락

생존과 공생
보이지 않는 빛보다
지혜로운 빛으로 공유되어
삶의 허전한 공간을 채워간다

원초의 본능이
작은 잎을 잉태하고
그 영혼 깊은 샘물 속에서
순리로 흐르는 진리

세세한 빛 가운데로
눈의 초점이 모여
지순한 애착으로
모든 가슴을 황홀하게 물들이고 있다

독도

엊 저녁에
달과 별, 작은 풀벌레가
도란도란
이야기꽃 피우는
뜨거운 가슴

새벽녘엔
괭이오리와 작은 이슬
그리고 먼동이
오늘을 주고받으며
희망을 안겨주는 훈훈함

물결 따라 두둥실
갈매기 떼가 노 저어가는
외로운 우리의 섬

저쪽
얼룩진 눈을 가진 야만인들이
거룩한 이름 더럽히며
추잡스런 짓으로 일관하며

세차게 밀려오는 파도를
구성진 노랫가락으로 승화시키는
의연한 우리의 섬

신방리

영천댐 가장자리
깊숙한 곳에 터를 잡은
뻐꾸기가 소식 물어오고
희뿌연 물안개가 바람 타고
내려앉은 작은 동리

손바닥을 간질이듯
살랑이는 물결소리에
구름은 쉬어가고
칼바람도 몰래 스며들어
적막함에 잠들어버리는 동리

안개비에 젖은
성애가 보현산 허리를
감돌아 흘러내리는
신방리

묘각사 목탁소리에
산천초목이 숙연하고
작은 신작로가 빛으로 덧칠된
정겨운 동리

달처럼 별처럼

이제
우리는 가족이잖아

달처럼 변함없고
별처럼 반짝이며
제 갈길 찾아가는 별똥별처럼
내 삶의 길을 달려가야지

어둠을 깨우는
빛이 되고
밝은 빛을 쉬게 하는
그믐밤도 되어보자

이제
우리는 가족이잖아
어깨를 맞대고
저 지평선을 향하여
달려가자

달처럼 변함없고
별처럼 부딪치지 않는
빛으로 베풀고 나누며
멋진 삶 일궈가야지

그 인연 찾아서

도도하게 불어오는 칼바람
그 앞에 눈도 입도
가누지 못하는 아픔이
외롭게 찾아든다

따뜻한 말 한마디
허공으로 날아가기도 전
싸늘하게 식어버리는
마음

가슴 시린 날은
지푸라기라도 잡으려는 몸부림
첨탑 종소리가 따스하게 다가와
마음을 데워주듯

따스한 차 한 잔
나누며 시린 마음
삭혀 줄
시간은 언제쯤 오려나

제3부

자연과 사람 그리고 시

풍경화

곡선과 직선의 쌍곡선

가지런한 도로
펼쳐진 화폭에다

누군가 소음으로
풍경화 한 폭
그려 놓았네

개성과 감성으로
어지롭게
덧칠해놓고
줄행랑쳤구려

담쟁이넝쿨

송글, 송글한 여의주
가득 매달고
영롱한 웃음 짓는
해맑은 마음속에

넉넉한 지분으로 하늘을 손짓하는
담쟁이넝쿨

뙤약볕에 기대어
사랑을 갈구하던
매미의 애절한 울음소리도
사마귀의 커다란 눈망울도
받아주고

비참한 고행의 삶에서
지쳐도 절망하는 모습이 아니다

긴 장마란 역경도
따가운 햇살의 눈총도 물리고
향기를 피워 올리는
초선의 경지가
사람의 마음을 정화 시킨다

보현골

구름도 걸터앉은
높다란 산마루에
홀로 산 아래를 굽어보는
선바위

먼 동해
파도소리 벗 삼아
물 한 동이 길어오네

그것은
갯바위에 부서지는
찬란한 무지개다

억겁을 빚어 내린 별들이
앞 다투어 끼를 발산하며
보현골 계곡으로
봄을 열어간다

찢어질 듯 쏟아지는
자궁의 물소리
봄을 맞이할 숲은
잔치로 들끓고 있다

바닷가에서

폭풍우가 휘몰아친다

성난 파도가 버려진 양심을
끌어 모아 해변에 내려놓았다

이쪽저쪽
헤아릴 수 없다

수 없이 많은
양심으로 희생된 알몸이
울부짖고 있다

바다는 말없이
버려진 양심을 주워 모아
보란 듯이 하늘에 알려
삐뚤어진 양심 되돌려 주려 하네

길의 단상

길이 신음하고 있다

꼬리에 꼬리를 물고
길게 늘어진
문명의 무게를 짊어지고도
표정이 없다

몸이 헤지고 문드러져도
깊이 아픔을 가둔 채
보이지 않는 눈물을
흘릴 것이다

뙤약볕 등살에
익혀지고, 엄동설한에
굳어지는 중병을
앓아도

소외되어 어둠의 길 걸어도
겉으로는 드러내지 않고
속으로 신음을 삼킬 것이다

바싹 말라 비틀어져도
묵묵히 소임을 다할 뿐
자상한 손길이 아쉽다

금호강에 비친 달무리

서세루 잎 유유자적하게 흐르는
금호강 물 위에
멱을 감는 빛 한, 두 점

어느 선인이 써놓은
몇 편의 시액이
가라앉았다, 또 가라앉았다 떴다를
거듭하고요

고수부지 작은 텃밭
잘 자란 청보리 이랑에
바람이 일렁이며
노래하고 춤을 추는
늦은 봄 풍광의 따스함이여

허무로 점철된 세상 소음을 씻어내듯
맑은 음률들의 조합으로
조용히 흘러가는
금호강을 흔들고 있네요

금강사 뒷산을 오르며

임시열차 기적소리 귓가에 담으며
금강사 뒷산을 오른다

간간이 뿌려대는 눈송이를 맞으며
오솔길 바닥에 누운
이미 숨을 거둔 풀잎들이
차라리 편안해 보인다

수많은 시간을 이어 내려온
엉겨 붙은 바위돌과 바람
떨어질 수 없는 사랑을 약속하는지
그 모습이 애절하다

가끔씩 귀에 다가오는 작은 절
불경소리는 속세를 바라보는
시끄러운 세상에 가슴을 열고
자비로운 마음을 풀어
창생의 길 다듬고 있다

안갯속을 걸으며

안개 낀 새벽
그리움이 젖어 내리는
안개비

자욱한 빗속에서
새벽길을 일깨우는
소리 소리들

가는 빗방울에 맺혀
찬란하게 빛나는 이슬방울이
나의 길다란 눈썹 위에 앉아
잠들지 못하고
외로움에 떨고 있다

흔들리는 마음을 다잡고
잘게 부서져 내리는 방울마다
애잔한 울음소리로
그리움에 지친다

당신이 잠든 창가에
햇살이 중천에 떠오를 때까지
서성이며
가장 소중한 역사를 기다린다

가랑잎 한 잎

황혼이 걸터앉은
앙상한 나목에
솔솔 다가오는
부드러운 바람

비에 흠뻑 젖은
가랑잎 한 잎
처연한 듯
묵묵히 바라만 본다

낮에 나온 반달이
살며시 미소를 지으며
가물거리는 아련한 숨결

또박또박 걸음으로
을미년을 마름질한다

억새의 속삭임

갈바람은 언제나
억새의 사랑을 들춰낸다

잎새의 사각대는 소리가
감춰진 곳을 찾아가듯
감미롭게 느낌으로 듣는다

바람과 억새
서로 몸을 섞은 유정의 소리가
가을밤을 수놓고
청명한 숨결의 혼을
불러들인다

끝없이 펼쳐지는 자연의 화음이
어렴풋하게 다가와서는
저녁노을 곱게 물들여놓고
질곡의 숲속으로 들어간다

가을비 오는 날

흩뿌려진 낙엽 위로
빗장을 걸어 채운 듯
내리는 가을비
엷게 속삭이는 빗소리 들으며
오솔길을 걸어간다

터벅터벅 촉촉이 젖은
내 마음을 들여다보며
가슴에 앉은 님의 얼굴
가지런한 머릿결에 내려앉은
가을비를 떠올린다

눈물처럼 뚝뚝 떨어지는
가을비 속에
님의 목소리가 귓전을 맴돌다
홀연히 사라지고

외로움을 달래며
쓸쓸하게 걷는 발자국 위로
가을비는 셀 수 없이
떨어져 낮은 곳으로 흘러간다

저물어가는 가을

대지를 붉게 물들이는 가을
눈망울에 가득히 담으며 걸어온 길

그 길 위에 숨이 탁
터지도록 바꿔놓은
천상의 색깔이 나부낀다

내 사랑도 저렇게
아름답게 들끓어 보았으면

열정으로 핀
사랑으로 마음을 달래며
분출하는 온천의 물길처럼
인간의 삶 그 욕망은
끝이 없어라

젊음이 분출하는
그들의 몸부림 속에
땀방울의 열꽃이
가을을 배웅하듯
사랑의 몸짓이 아름답다

설경

넓은 초원에
은백색을 펼쳐놓고
유혹의 손길을 보낸다

눈부신 해맑음에 취한
하늘과 땅이
내 눈동자에서
분별없는 춤을 추어댄다

석양에 기대어
눈을 들어보니
어느 사이
꿈의 잔치는 끝나고

가로등 불빛이 아련하게
등짝을 떼밀고 있다

겨울 참새

금호강 고수부지
참새 한 마리
세찬 칼바람에 떨고 있네

앙상한 가지 위에
나 홀로 지킴이로 앉아
찬바람 가르며
내 땅 내 정체를 지키고

저 먼 곳
외로운 허수아비
그 넋
기리며 또 울고 있네

꽃피는 봄
녹음 짙은 햇살
황혼 빛에 고귀한 음성으로
세찬 바람을 고르고 있네

눈 내리는 날

지평선 저쪽 하늘에
하얀 점들이 활개 치며
몰려온다

계곡 깊숙한 산사에도
산봉우리 외로운 나무에도
한 올 한 올 덧씌우듯
쌓여온다

조용한 샛강
하얀 얼음 밑으로
작은 물줄기가 찢어질 듯한
신음소리가 울려온다

텅 빈 가슴
아무렇게나 뿌리내린
욕망의 허상이 스스로 무너지는
늙은 눈시울처럼
망간의 덫이 차츰 쌓인다

욕심이 넘치는 곳마다
천사의 옷깃으로
사랑을 덮는다
가슴이 뜨겁다

겨울 꽃

세찬 바람이 할퀴는
엄동설한

말 못할 서러움
떨쳐버리고
입술이 부르트고

산새도 오들오들
떨고 있는 나목에서
행여나 찾아올까
앙가슴 설레며
기다리는 마음

눈보라에 동여맨
빨간 머플러
수평선 저 너머로
눈시울이 붉어진다

겨울나무는

꿈을 꾸듯 밀려오는
뒷동산 그림자는
하늘 아래 매여 있고

완산골 터널을 지나는
굴곡 없는 완행열차는
기적소리 남기며
저 너머 종착역을 달려가는데

차가운 별빛을 맞고 있는
겨울나무는 인내와 고뇌의 침묵으로
파고 높은 세상에 연결된
삶의 연속선을 지켜본다

또 눈을 감고
수천 번씩 번뇌에 잠기며
고통을 대변해 온 길
돌아보지도 말고 밟지도 말라네

겨울에 핀 꽃

앙상한 가지마다
하얀 꽃봉오리가 앉아있다

뼛속 깊이
무위와 자유를 불러와
공허한 마음에
고독을 되씹는 듯

원초적인 태생
물과 돌
갈대밭 언저리에도
하얀 꽃봉오리가 앉아있다

첫눈 내리는 날

서해 우뚝 솟은 바위에
부서지는 물보라가 놓은
무지개다리 그 위에
첫눈이 내린다

멀리서 여객선이 내뱉는
고동소리가 주위의 싸늘한
밤공기를 울리고
수평선 너머로 몰려온 첫눈을
뱃머리로 불러들인다

피하고 싶어도 피할 수 없는
섭리의 뜻인 첫 눈
소복소복 내려오며 손짓한다

처절한 삶의 순간
곡절 없는 굴곡의 시간을 넘어
오만과 편견을 묻어버리고
심장의 피를
평화로운 마당에 뿌리고 있다

금호강에 뜬 달

조양각에 올라
가슴 한 켠에 담긴
한 편의 시를 떠 올린다

주남다리 밑
해맑은 물속에
둥실 두둥실 떠 있다
잠겨 있는 보름달

물에 잠긴 조양각
그림자에 영합된
수은등 불빛

조양각 벽에 걸려 있는
옛 선현의 혼을 비추고
스멀스멀 미소 지으며
해맑은 물속에 스며드네
내 마음도 스며드네

제4부
그리운 사람들

그리운 사랑

오늘 저녁은
글 속에서 나를 찾으련다

어둠에서 깨어나
달과 별의 빛을 바라보면
언제나 조금 부족한
내가 보인다

아무렇게나 뒹굴다
구석진 곳에 아무렇게나
처박힌 낙엽을 보며
사람 사는 정겨움을
가슴에서 마음으로 호흡하는
나를 본다

아직도 설상가상으로
텅 빈 육신 속에
기다림과 그리움으로 마음 졸이는
질박한 순정을

영원토록 간직하려는 마음속에
내가 보인다

가슴 설레는 사랑도
오늘 밤
읽어가는 나의 책 속에서
가슴으로 찾아보련다

그대여

숨 막히는 미움도
씁쓸한 사랑도
말없이 융해하며
피안의 터미널에서
여정의 첫발을 내어 딛습니다

백 년을 용트림하며
절박한 가슴을 열어
끝없는 사랑의 서막을 열어가는
범종 소리를 귀에 담으며
한 칸 한 칸 쌓아 가렵니다

시공의 장벽
그 터널을 벗어나
적막한 순간을 내던지고
새해를 맞이하는 해맑은 마음으로

그대를
오늘
온몸으로 맞이하렵니다

꿈속을 걸어가며

아직 햇살 그림자가
제자리 잡기 전, 잡초 밭에
엉겨 붙은 이슬방울이
여린 가슴을 쓰다듬고 있다

어둠을 딛고 달려온
처절하고 애틋한 눈물
다듬지 못한 시간들이
앞다투어 어른거리고

골목길을 돌아 나온
두부장수의 울적한 종소리
새벽안개 헤치며
굳게 닫힌 대문을 연다

빛 가장자리에 얽혀 있는
엇갈리는 설움
길이 없는 그곳에서 내 사랑은
아직 어둠 속을 헤매고 있다

불타는 젊음

걸음, 걸음마다
새싹이 꼬리를 물고
활력 있는 가지마다
꽃 내음이 가슴을 열고 있다

마음은 광야를 달려가고
불타는 젊음은
하늘에 닿는데

붉은 무리가 밀려오듯
찢어지는 고뇌에 빠져도
사랑의 끈이
저만치서 다가온다면

사랑으로

내 눈가에
그리움 하나 서려 있다

빛의 굴절로 빚어진
새로운 싹을 품어
어울림의 몫으로
순산하고

엷은 샛바람 사이로
기다림과 그리움이
사랑으로 뿌려질 때

꽃피는 봄을 내려
사랑의 꿈 불태운다

소녀

길섶에 홀로 핀
작은 들꽃 한 송이

드센 바람이 불어도
꼿꼿하게 서 있다

정든 곳
떠나지 않으려

가냘픈 잎새
단단하게 뿌리내려
흔들림이 없네

불사조

늘 푸른 하늘 아래
달빛 벗 삼아
밤 지새우며
추억 한 권을 떠올리는
하얀 연미복의 불사조

밝은 달빛이
창가를 물들일 때
천무도를 수놓은
아름다운 자태

순수하고 청아한 백자처럼
가슴 시리도록 보고파
오늘도 내일도 어제처럼
기다린다 너를

화해

오랜 침묵의 시간
처절하게 밟힌
흔적의 길
가파르기만 하다

갈대 같은 마음속에
알맹이는 어디론가 사라지고
빈 쭉정이만 빳빳하게
고개를 들이밀고 있다

황금 물결의 벌판에
젖어오는 햇살처럼

이제

이유 불문의 화해로
상생의 길 걸었으면

그 길을 걷고 싶다

영롱한 아침 이슬 머금고
향기를 이름으로 피우는
그 길

매미소리 구성지게 들려오는
우거진 숲 사이로 숨바꼭질하듯
햇살이 옮겨 웃는 그 사이 길

푸른 하늘 베개 삼아
맑게 흐르는 물결 위에
풍성하고 황홀한
멋이 풍기는 그 길

하얀 눈을 밟으며
다정히 손잡고
밝은 미래를 설계하는
행복한 삶의 그 길을
걷고 싶다

무제

앙상한 가슴에
애처롭게 매달린
무지개 닮은
사랑의 잎새

길바닥에 뒹구는
빗방울을 밟으며
사랑의 정이 넘치는
발걸음을 옮겼으면 좋겠다

부질없이 시간을 속인
허송이란 세월을 접고
잔설을 딛고

고개밀어 올리는
잎새처럼
사랑의 빛이 가득 했으면 좋겠다

당신의 마음

해묵은 찌꺼기를 걸러내는
봄바람 따라
햇살 쏟아지는 길 모롱이에
기지개를 켜는 노랑 잎새

허허롭게
바람이 스치고
외로움 삼키며
제 갈 길을 찾아가는
마지막 잔설

포근한 마음
따스한 품속

의연하게 촉을 틔우며
길섶 언저리에
가녀린 미소로 다가오는
잎새에 묻은 봄빛

사랑으로 감싸 안고
시린 발 녹여주며
깊은 정 넘치는
당신의 마음

내 곁에는

잠 깨어 보니 간밤 무서리가
눈에 보이는 모든 것을 덮어
하얀 은박 색으로
바꿔 놓았네

갈대숲에서 무엇인가 도란도란
암묵의 이야기를 나누더니
바람결에 얼마 남지 않은
꽃가루를 바람결에 날려 보낸다

외로움을 훌훌 털어버리고
기다림에 지쳐
눈물 흘리는
마지막 선각자가 떠오르더니

내 마음에 들어앉아
반야 같은 사랑을
봄 햇살처럼 펼쳐
내 곁을 지켜주네

광야의 빛으로

푸른 초원에 무수하게
피어있는 생명의 영광

영롱한 잎으로 반짝이며
땅 위에 또르르르 굴러
마음으로 들을 수 있는
종소리로 여울진다

고뇌를 털어
심오한 영역의 빗장을 풀고

조금씩
아주 조금씩 더 넓은
완전한 세계에 발을 들여놓는다

뜻깊은 빛으로 태어나
꽃을 피운 가지마다

향기로운 영장으로
거듭 태어난다
그리워 손짓한 곳
광야의 요람으로

흔적

작은 잎새가 잔설을 뚫고
차가운 이슬방울을 받으며
향기에 젖은 가녀린
잎새를 밀어 올린다

작은 바람에도
흐느적, 흐느적 중심을
잡지 못할 것 같은
작은 잎새

향기에 젖은
꽃 매무새가 닫힌 문을 열어
어둠을 씻어내고
사랑을 펴려 한다

이유 없는 소리가 없듯이
향기의 흔적과
코의 촉감으로 다가오는
부드러운 감흥

작은 바람의 흔적으로
미로의 언덕을 넘어간다

새벽

영롱한 이슬
물기 오른 가지에 앉아
앙증맞게 미소 짓네

처음으로 약속한
사랑의 언약
낮 햇살 밤 달빛
이것저것 챙기며

아름다운 눈동자로
밝은 마음에
가득한 향기를 실어

사랑의 길 찾아
아득한 길을 돌아온
그들만의 사랑
멀리서도 눈이 부시다

순간

세월 그
발끝에 붙어
순간순간 기적 같은 삶의
행간 속에
조심스레 뛰어넘어온

어제 같은 오늘
가로등도 졸고 있는
어둠을 뚫고
당신이란 든든한

오랏줄을 잡고
사계절로 길게 늘어진
짧은 순간을
사랑이란

하얀 눈꽃송이 향기로 뒤덮인
햇살보다 더 밝고 맑은
여울목으로 걸어가네요

물보라

갯바위에 부서지는 파도
갈매기 울음소리도 잠잠해진
불면의 밤이 깊어가는
커다란 당신의 사랑으로
잠들고 싶습니다

파란 이끼를 할퀴고
세찬 바람에 휩쓸려
더욱 잘게 부서져도
언제나 당신 곁에서
사랑의 꽃 피우고 싶습니다

부딪히고 깨어져도
당신이 뜨거운 눈물을 닦아주고
따스한 가슴에 얼굴을 묻어
끝없는 사랑의 꽃피우고 싶습니다

찰나의 순간을 참지 못하고
마지막 남은 잎새까지
새까맣게 타버려도 난
아름다운 당신 사랑의 꽃으로
거듭 태어나고 싶습니다

낙조

황혼의 쓸쓸함이 긴 꼬리로
그림자를 그리며
수평선 너머 가냘프게
메아리 되어오는 파도소리
으깨어져 피멍으로 가라앉은
햇살 부스러기가 부끄러운 듯
고개 들지 못하네

내일을 위해
오늘보다
소중한 시간은 없다

내일보다 오늘
후회하지 않는 삶의
그림자 속으로 밀려와
낙조의 물결은 서서히
지워지고 있다

그런 바람으로

꽃을 피우고
땀을 식혀주는
솔바람 향기처럼
그런 바람으로 살고 싶다

침묵하며 기다려주고
처절한 삶 속에서도
그리움 주며 애절하게
불러보는 사랑의 노래
음미하며 그대 곁으로 다가가는
그런 바람으로 살고 싶다

밝은 달이 이지러지고
외로움이 깊어도
은하수 강가에서
별을 주어 담으며
즐거움이 가득한
그런 바람으로 살고 싶다

고독을 털어버리고
미련은 날려버리고
후회는 벗어버리고
원망과 한숨도 저 멀리로
날려버리는
그런 바람으로 살고 싶다

허공에 걸린 그물

가을이
저물어가니 초라한
네 모습

겨울비에
흠씬 두들겨 맞은 눈망울로
처량하게 흔들리고

새벽별에 눈물 지우고
낮에 나온 볕살에
몸을 태우는 네가

닦아온 자리도 내어주고
무쇠 덩이가
용광로에서 새롭게 잉태하듯

사랑 실은 열차로
꿈 가득 싣고
터널을 벗어났으면 좋겠다

제5부

인연과 연인

성장의 길목에서 •

네 모습에서 •

이런 날은 •

돌아오는 길 •

황홀한 날개 •

왜 이럴까 •

삶의 행진 •

삼등 열차 •

오지마을 •

내일은 •

삶의 길목 •

욕망의 뜰 •

인생 길 •

눈물의 계곡 •

순간을 닫고 •

외로운 가로등 •

삶의 단상 •

긍정의 발걸음 속에 •

성장의 길목에서

암울하게 막혀 있던
굴뚝에서 피어오른 연기가
너울너울 춤을 춘다

공단 사이로
기계들의 웃음소리가
망설임 없이
나무숲을 웃게 하고

자동차 엔진소리는
길거리에서 하늘로
높게 날아가며
닫혀 있던 목소리를
생생하게 틔워주며

생존의 길섶에서
희망의 꽃으로
식지 않은 향기가
성장의 길로 달려간다

네 모습에서

허전한 가지마다 애절한 듯
상념 속에 잠겨있는
네 모습에서 시린 가슴보다
뜨거운 눈물이 해맑은 강물처럼
흘러내리는 게 보이네요

하늘을 머리에 이고
날아오르는 새 한 마리
빙빙 허공을 돌다
외로운 그대 가슴에
내려앉았네요

별이 쏟아지는 밤
불꽃처럼 타오르는 열정
고스란히 내어주고
텅 빈 마음의 곳간을 채워주며
밝은 햇살로 따스한
한낮을 또 내어주었네요

이런 날은

눈을 떠보니
어느 듯 진달래가 울음을 터뜨려
녹음 짙은 길을 지나
조금 가파른 고갯길을 넘으니
평원이 펼쳐진 음지에
미련인 듯 잔설이 누워있다

수평선 건너 저쪽
파도가 길을 잃은 듯
갯바위에 부딪히며 사랑의 둥지를
트려는 듯 종일 신음하고 있다

우수에 잠긴 하늘
먼 끝자락에
석양에 물든 구름 한 조각
해맑은 강물 위로 떠내려간다

돌아오는 길

눈물이 글썽토록
너무 그리워
가슴 설레게
기다립니다

나 홀로
걷는 발길
아카시아 꽃
활짝 핀 과수원
뚝방 길

그 향기
그 내음이
당신의 향내음

설레는 방망이질 속에
오늘도 허공을 향해
불러 봅니다

황홀한 날개

찬란한 햇살이
나의 길을 밝히고
무게를 가늠할 수 없는
영욕의 세월 속에
하루하루 핏자국을 씻으려고
이고지고 숨 가쁘게 달려왔다

울고 싶어도
큰 소리로 울고 싶어도
세상눈이 무서워
애타는 가슴 억누르며

눈에 밟히도록 피어 있는
배롱나무 꽃 이파리가
눈물 닦아 웃음 주고
나를 일으켜 세운다

시공을 딛고
화禍를 사랑으로 바꾸며

탐욕이란 유혹의 손길을 내밀어도
변천할 수 없는 침묵으로 걸어온 길

이제야 돌아보니
황홀하게 나래짓하는
언덕에 서 있구려

왜 이럴까

길섶에 홀로 핀
작은 들꽃은
향기가 수 천리를 유영하고

빗방울은
제멋대로 떨어져도
제 길을 따라 목적지에
안착하는데

나는
눈으로 보고 귀로 듣고
손발이 있어 만지며
걷고 하지만

마음에 담은 것
뜻대로
순조롭게
진행되지 않으니

바람에 몰려다니는
뜬구름 같은 것
왜
이럴까

삶의 행진

갑자기 퍼붓는 소나기가
상처를 입혀도
황금 시간을 쪼개어온
내 삶의 시간이 꽃피울 날은
언제일까

자그마한 마음으로 맞아준
내 삶의 전부가
낮과 밤
하루와 일 년을 스쳐가는
시간 속에 아련하게 떠오른다

내 삶의 무게는
어떤 형상인지
잡을 수도 볼 수도 없다

이제껏
온몸이 흔들렸지만
조심스레 내 삶의
뿌리를 내려 본다

삼등 열차

새벽녘에 찾아온 겨울비
삼등 열차 차창에 부서지고
추락할 곳도 없는 삼등 인생
그늘진 마음도 때린다

한 줄기 비추는
빛의 도화선으로
영혼이 되살아 귀중한
시간 속으로 끌어당긴다

강렬한 빛의 어울림이
앙상한 가지마다
젊음의 소리가
거짓 없는 진실 속으로 파고들어

삼등 열차는
삼등 인생 손님을 태우려
역전으로 들어신다

오지마을

저 높은 곳에서
별들만이 속삭인다

어둠은 낙엽송 사이를 헤집고
부엉이는 어둠을
풀어놓은 산야에서
꿈나라로 여행 중이다

은빛날개가 그리움으로
잃어버린 세계를 찾아온 듯
가냘프게 비쳐오는
한 줄기 빛을 타고

침묵의 세계로 유영하는 미풍은
빈 공간에 터를 잡고
억겁의 시간을 살며시 감싸듯
조용한 오지마을을 흔들고 있다

내일은

길이 없어도 별은
마음과 가슴에 뜨고
이 골목 저 골목에도 활짝
웃음을 터트린다

수평선 넘어 붉게 타오르는
거대한 태양은
길라잡이로 이 땅을 밝히고

외롭게 펄럭이며 떨고 있는
마지막 잎새의 아픈 마음이
슬픈 마음을 함께 울어주듯
바람이 드세다

서로의 마음 밭에다
씨 뿌리고 가꾸어
마음에 꽃피우고
어우러진 삶에
밝은 빛 드리워졌으면

삶의 길목

평야에는 기름진 오곡
넘실대는 만선의 기쁨
하늘을 머리에 이고 있는
작은 텃새 한 마리
꽉 막힌 가슴을 터준다

눈보라 속에 핀
작은 꽃 한 송이
향기는 얼음골에 묻어두고

꺼이꺼이 울어대는
수평선 넘어 갈매기는
파도 따라 날개를 퍼덕이며
중심을 잃지 않고

파도가 부서지는 갯바위에 기대어
꽁꽁 얼어붙은 입술을 열어
삶의 무대를 펼친다

욕망의 뜰

발길이 뜸한 길섶에
커다란 날개를 접고
깊은 시름에 매달린 듯
메마른 가지 끝에 앉은
새 한 마리 계곡을 응시한다

바람 소리 새소리
나무들 힘찬 기지개 소리
그 울림들이
깊은 밤 먼 길을 돌아온 듯
새벽은 고요하다

머리카락 휘날리며
달려온 욕망의 시간들
허공 속에서
가쁜 숨을 몰아쉬며
어둠을 흔들고 있다

인생 길

가을밤을 수놓은
별을 바라보며 움츠러드는
한기를 두 손으로 잡고
시상을 떠올리려 걷고 있다

스스로 막차를 타고
가을밤을 아파하며
하얀 눈이 펑펑 쏟아질 내일의
오솔길을 걷는다

멀지 않은 시간에
완곡한 지층을 뚫고
희망의 나래를 펴
태어날 순간을 기대하고

뜨겁게 달아오른 대지 위에
싱그러운 녹음을 예감하며
젊음을 불태운 사랑의 싹을
심는다

눈에 담겨오는
땀방울을 씻어내며
쓸쓸함을 잊고
즐거움의 순간을 생각한다

눈물의 계곡

잎새마다 불타는 가을
바쁘게 옷을 갈아입으며
무언가 일을 꾸미고 있다

계곡마다 손에, 손잡고
단풍만큼이나 산야를 주름잡고
덩달아 사람들도 채색한 머리 동여매고
설레도록 산자락을 흔들고 있다

허락된 시간 속에
열정으로 갈무리하며
젊음에 끓어오르는
잎새들이 남겨둔 자리마다
비밀을 유추하며 삼매경에 빠진다

무한의 빛깔들이
널브러진 가지에 겹겹이
영혼의 길을 열어
황혼의 잎새들을 돌아서 손을 흔든다

아마 내일의
약속일 게다

순간을 딛고

거센 비바람에 잡혀
산등성이를 넘어가는
조각 구름 떼

가을빛은 산야를 흔들어놓고
계절의 옷자락을 펄럭이며
두둥실 떠 있다

이명처럼 들려오는
갈등의 순간을 딛고
거울에 비친 환영처럼
흩어진 순정을 모아
사랑 밭에 심어두고

곡절 없이 언제나 웃을 수 있는
꽃으로 향기로 머물러
따스한 사랑의 손을 잡고
유유자적 노닐며
세월을 찬미하고 싶다

외로운 가로등

희미한 불빛마저 비틀거린다

좁은 골목길
그림자 길게 드리우고
언제나 홀로 서 있다

칼바람에
숨결도 가냘프고

설레는 가슴으로
누구를 기다릴까

앙상한 가지와 마주 선
외로운 가로등
한숨을 내어뱉는 듯
희미한 눈동자를 굴린다

손등이 갈라지고
입술이 헐어도

언제나 그 자리
그 시간

오늘도 내일도
혼자 외롭게 골목길을 지키며
어두운 밤
희미한 눈동자만 굴린다

삶의 단상

한순간
삶의 밑그림을 그리고
눈을 돌아보게 된다

극적인 삶과
창조의 개벽을
갈무리하여 가슴에
꿈을 영글게 하는 일

절체절명의 순간을 딛고
구구절절한 현실 속에

혁신적인 덧칠로
독창적인 삶
그 발걸음에 아낌없는
사랑의 빛을 내린다

긍정의 발걸음 속에

심산유곡
깊은 골짜기에서 퍼 올린
성수 한 사발
순수한 내 마음 멍울진 곳에
빛이 되고 향기가 되었는데

무질서하게 뻗어 나온
곁가지를 전정하고
근본의 뿌리로 지혜를 찾아
망각의 세월을 접고

오직
한 가닥 진리의 길 걸어가리라

허무한 내 마음
텅 빈 공간에
긍정으로 채우고 이미 채워진
부정이란 체위를 비워내고
행복이 손짓하는

그 곳에
꽃을 피우고 그 향기를
마음껏 전달하리라

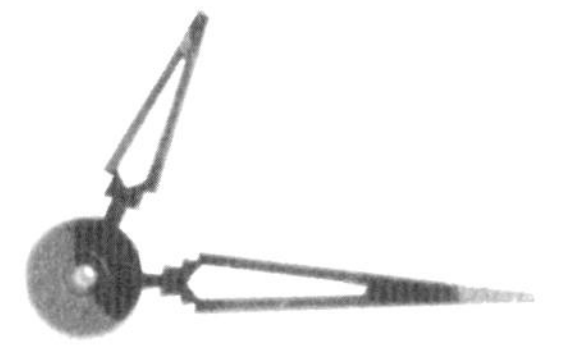

하얀 빛을 쏘아내는
대지 위의 괘종시계처럼
사랑을 고백하는 은은한 소리가
내 마음 흔들고 있다